Fútbol de alto rendimiento

Chest Dugger

Contenido

Regalo incluido 3

SOBRE EL AUTOR 4

DISCLAIMER 6

Introducción 7

Fútbol de alto rendimiento versus deporte de alto rendimiento 10

Diferentes aspectos del fútbol de alto rendimiento 32

Fuerza en la parte superior del cuerpo - Ejercicios para el fútbol 35

"Pliométricas" - Entrenamientos para la velocidad 42

Resistencia 61

Disciplina mental 73

Dieta 81

Palabras finales 88

Regalo incluido

Como parte de nuestra dedicación para ayudarle a tener éxito en su carrera, le hemos enviado una hoja de ejercicios de fútbol gratis. Esta es la hoja de ejercicios "Hoja de Trabajo de Entrenamiento de Fútbol". Esta es una lista de ejercicios que puede utilizar para mejorar su juego, así como una metodología para hacer un seguimiento de su rendimiento en estos ejercicios en el día a día. Queremos llevarte al siguiente nivel.

Haga clic en el enlace de abajo para obtener su hoja de ejercicios gratis.

https://soccertrainingabiprod.gr8.com/

También puede obtener este libro de forma gratuita como audiolibro en Audible junto con una suscripción gratuita de 1 mes a Audible. Sólo tiene que registrarse en el siguiente enlace:

https://www.audible.com/pd/B07G24HPWN/?source_code=AUDFPWS0223189MWT-BK-ACX0-123516ef=acx_bty_BK_ACX0_123516_rh_us

SOBRE EL AUTOR

Chest Dugger es el seudónimo de nuestro equipo de entrenamiento de fútbol, Abiprod. Abiprod es un equipo de entrenadores profesionales y aficionados, con sede en el Reino Unido y Australia. Puede visitarnos en www.abiprod.com

Hemos sido aficionados al futbol durante décadas, entrenando a equipos juveniles y seniors. Como todos los aficionados al fútbol, vemos y jugamos este hermoso deporte tanto como podemos. Tanto si somos seguidores del Manchester United, el Real Madrid, el Arsenal o el Galaxy de Los Ángeles, compartimos un amor común por el deporte.

A través de nuestras experiencias, hemos notado que hay muy poca información para el aficionado común que quiere elevar su juego al siguiente nivel. O que sus hijos empiecen en el camino. Este es especialmente el caso de aquellos que viven fuera de Europa y América del Sur. El entrenamiento y la metodología del fútbol de alto valor son bastante raros incluso en países ricos como EE.UU. y Australia.

Queremos hacer llegar el mensaje al mayor número de personas posible. A través de nuestro blog de entrenamiento de fútbol, libros y productos, nuestro objetivo es llevar lo mejor del entrenamiento de fútbol al mundo. Aunque estamos empezando en Estados Unidos y Australia, cualquiera que sienta pasión por este hermoso deporte puede utilizar nuestras tácticas y estrategias.

DISCLAIMER

Derechos de autor © 2018

Todos los Derechos Reservados

Ninguna parte de este eBook puede ser transmitida o reproducida en ninguna forma, incluyendo la impresión, electrónica, fotocopia, escaneado, mecánica o grabación sin el permiso previo por escrito del autor.

Aunque el autor ha hecho todo lo posible por garantizar la exactitud del contenido escrito, se aconseja a todos los lectores que sigan la información mencionada en el presente documento bajo su propio riesgo. El autor no se hace responsable de ningún daño personal o comercial causado por la información. Se anima a todos los lectores a buscar asesoramiento profesional cuando sea necesario.

Introducción

Gracias por comprar este libro. Esperamos que sea una excelente manera de ayudar a los jugadores y entrenadores a mantenerse en forma en el fútbol. El libro analizará la aptitud física para el fútbol y considerará cómo ésta refleja y difiere de la aptitud física general. Ofrecerá ejemplos de cómo los jugadores pueden mejorar su resistencia para jugar al fútbol.

También se analizará el tipo de aptitud que se necesita específicamente para jugar al fútbol al más alto nivel que nuestra capacidad nos permite, teniendo en cuenta la ciencia que hay detrás de la práctica. Fútbol de alto rendimiento considerará los diferentes aspectos de ponerse en forma para el fútbol.

Examinará las formas de desarrollar la fuerza en la parte superior del cuerpo. Se ofrecerán orientaciones prácticas en materia de pliométrica: programas de formación específicos para desarrollar la explosividad del movimiento y la velocidad. El libro ofrecerá maneras prácticas de desarrollar también el tan necesario atributo de la resistencia.

Para ser un buen jugador de fútbol no sólo es necesario tener una buena forma física, sino que también es vital tener una alta conciencia mental; posicionarse, seleccionar pases, hacer carreras, concentrarse, todo ello con el fin de desarrollar una buena forma física que ayude a tomar las mejores decisiones en una situación rápida. Este libro ofrecerá maneras de mejorar esto.

También analizaremos el tipo de disciplina que se necesita para estar lo suficientemente en forma como para jugar al fútbol al más alto nivel que podamos, y cómo la dieta puede ayudar a lograr este estado físico específico para jugar al fútbol. Esperamos que el libro le ayude a lograr lo que todos queremos en nuestros objetivos deportivos, ya sea jugando a nivel de aficionados, a nivel de liga local, semi-profesional o incluso para aquellos que sueñan con jugar profesionalmente.

Para los entrenadores, el libro también tendrá en cuenta los diferentes requisitos de aptitud física para el fútbol juvenil e infantil.

Tenga en cuenta que estos ejercicios son generales y pueden funcionar para personas con un nivel de forma física moderado a alto. Si usted está buscando rutinas de ejercicios individuales, debe considerar un entrenador físico y un nutricionista. También le recomendamos que utilice inicialmente un entrenador físico para asegurarse de que está utilizando la metodología correcta para cualquier tipo de entrenamiento con pesas.

Fútbol de alto rendimiento versus deporte de alto rendimiento

No hay duda de que para jugar bien al fútbol se necesita un buen estado físico y mental. Sin embargo, también es cierto que estar en forma en el sentido de "ir al gimnasio" no es suficiente para poder jugar al fútbol a un alto nivel, o a un nivel que dé la mejor satisfacción personal. Lo que podríamos denominar aptitud física diaria es importante, pero para el campo de fútbol se necesita aún más.

En este capítulo veremos lo que se requiere para alcanzar la condición física diaria, y luego cómo se puede construir sobre ella para prepararse para el fútbol.

Ejercicio físico diario

¿Qué significa 'apto'? Eso realmente depende del individuo, y de lo que desee hacer con su cuerpo, cómo desea lucir y cómo le gustaría sentirse. Si tomamos dos extremos, un equipo internacional en la unión de rugby estará lo más en forma posible, pero se verá y se sentirá muy diferente a un corredor de larga distancia de primera clase.

Sin embargo, necesitamos establecer un punto de referencia, y por lo tanto, con las condiciones mencionadas anteriormente, definamos "aptitud" bajo cinco conceptos. A continuación, podemos ver cada uno de estos conceptos y explorar algunas de las formas en que se pueden lograr.

- Condición física o resistencia cardiovascular
- Flexibilidad
- Composición de la grasa corporal
- Fuerza muscular
- Resistencia muscular

Resistencia Cardiovascular

En primer lugar, tenemos que definir qué significa exactamente este término.

Definición

En términos sencillos, la resistencia cardiovascular es la eficiencia con la que los vasos sanguíneos, el corazón y los pulmones suministran sangre y oxígeno a los músculos. Una buena resistencia cardiovascular es la capacidad de poder hacer esto durante un largo período de tiempo.

También requiere que nuestro tejido muscular utilice esa sangre y oxígeno para crear la energía para el movimiento.

¿Por qué necesitamos una buena resistencia cardiovascular?

Tener una buena resistencia cardiovascular es más importante que simplemente lograr una buena condición física. Esta condición ayuda a reducir el riesgo de contraer una serie de riesgos de salud desagradables. La cardiopatía, la hipertensión, el accidente cerebrovascular y la diabetes son menos probables que ocurran en individuos con buenos niveles de resistencia cardiovascular.

Pero esto es un libro de deportes, y necesitamos esta condición física para ganar buena resistencia. Noventa minutos de fútbol, con los diversos requisitos de aptitud física del deporte, sin duda requiere que los jugadores tengan buena resistencia. Lo contrario significa que el esfuerzo promueve la respiración acelerada, ya que los músculos anhelan desesperadamente el oxígeno. La respiración acelerada está desgastando nuestros cuerpos e induce el cansancio. El cansancio físico no sólo disminuye el rendimiento, sino que también induce el agotamiento mental.

¿Cómo desarrollamos la resistencia cardiovascular?

Hay una serie de actividades que nos ayudarán a desarrollar nuestra resistencia cardiovascular. Hay algunos ejemplos a continuación, y el mejor consejo es variar las actividades. Esto ayudará a mantener los ejercicios frescos y también reducirá la posibilidad de desarrollar lesiones causadas por la actividad repetitiva.

Caminar

Comienza tan fácil como esto. Caminar durante treinta minutos tres veces a la semana ayudará a mejorar la salud cardiovascular, y esto hará que el paso a un ejercicio más enérgico sea más fácil de lograr, lo que hace que caminar sea una gran actividad inicial.

Las caminatas deben ser lo suficientemente difíciles como para inducir una respiración ligeramente más rápida y un sudor suave. Los paseos de treinta minutos se pueden dividir en sesiones más cortas, por ejemplo, dos lotes de quince minutos si eso funciona mejor con nuestro estilo de vida.

Trotar

Dos trotes de treinta minutos a la semana también ayudarán a aumentar nuestra resistencia, más adelante. Para aquellos que no han hecho ejercicio por un tiempo, es una buena idea comenzar con sesiones de quince minutos para construir nuestros cuerpos para lidiar con el estrés que empezaremos a poner en ellos.

Una vez que las dos carreras semanales están firmemente arraigadas en nuestra rutina, la distancia puede extenderse, primero a cinco kilómetros y luego a diez. Una carrera de diez kilómetros llevará poco más de una hora a una velocidad media.

Al final puede variar el terrenocon algunas colinas que nos ayuden a trabajar el corazón y los pulmones un poco más vigorosamente.

Nuestros diez kilómetros de recorrido nos permitirán comenzar a alcanzar la cantidad de viajes típicos que haríamos en un partido de fútbol de noventa minutos. Sin embargo, como veremos más adelante, la forma en que corremos esa distancia durante un partido es muy diferente, y requiere diferentes tipos de entrenamiento, que el trotar directamente. Sin embargo, correr nos ayudará a aumentar nuestra resistencia cardiovascular. Esta actividad, como veremos más adelante, formará parte importante de algunos ejercicios y ejercicios relacionados con el fútbol que mejorarán nuestra condición física general para practicar este deporte.

Natación

La natación es excelente porque aumenta la resistencia cardiovascular sin poner demasiada tensión en nuestros músculos. La manera de obtener el mejor efecto es variar las brazadas cada cuatro longitudes aproximadamente; esto nos ayudará a desarrollar diferentes músculos.

Ciclismo

Podría ser una sorpresa que un paseo de cuarenta minutos en bicicleta use casi el mismo número de calorías que un nado de cuarenta minutos.

Sin embargo, montar en bicicleta nos ayuda a fortalecer los músculos de las piernas, que son un atributo importante para el fútbol.

Una vez que se ha desarrollado una buena resistencia, el ciclismo en terrenos mixtos nos ayudará a trabajar aún más los músculos de las piernas, y en realidad refleja el tipo de actividad en un partido de fútbol más de cerca que nadar, correr o caminar.

Ejercicios aeróbicos

Los ejercicios como el baile, los pasos y los ejercicios aeróbicos son excelentes para desarrollar nuestra capacidad pulmonar y maximizar la capacidad de nuestro cuerpo para bombear oxígeno alrededor de nuestro sistema. La variedad de actividades ayudará a desarrollar diferentes grupos musculares, y dirigidos por un instructor (o, por conveniencia y economía, un DVD o video de You Tube) nos mantendremos en movimiento. Muchas personas encuentran que las actividades aeróbicas y de baile son más agradables que los ejercicios repetitivos como trotar o nadar. Debido a que se puede hacer en interiores, también depende menos de las condiciones climáticas. Aunque definitivamente hay una motivación adicional que se puede obtener cuando trabajamos con un grupo, la actividad es conveniente porque podemos realizar una sesión en nuestra sala de estar o en nuestro dormitorio.

Ejercicio en casa

Hay veces que no tenemos tiempo para ir al gimnasio, o el clima hace que el ciclismo sea poco atractivo. Sin embargo, podemos hacer nuestro propio régimen de ejercicio útil en casa, al menos un par de días a la semana.

Diez minutos de subir y bajar escaleras tres veces al día ayudará a mejorar la resistencia cardiovascular y los músculos de las piernas. Si tenemos un mini trampolin, esto se puede utilizar para los períodos de tiempo similares y otra vez ayudará a nuestra aptitud.

Flexibilidad

Definición

En pocas palabras, por flexibilidad entendemos la capacidad de doblarse sin romperse. Lo que sugiere que es un atributo muy importante de tener. ¡Ninguno de nosotros quiere romperse en medio de un juego!

Por lo tanto, se puede ver inmediatamente lo importante que es la flexibilidad en el fútbol, o en casi cualquier deporte.

Si no somos flexibles, estaremos sujetos a muchas lesiones, y nuestro disfrute del juego será limitado, y nuestro tiempo de juego será reducido.

Pero la flexibilidad es igualmente importante en términos de la forma física. No sólo nos ayudará a evitar las torceduras y los esguinces, sino que también significa que, a medida que envejecemos, nuestra movilidad se verá menos afectada.

¿Cómo desarrollamos y mantenemos la flexibilidad?

El entrenador del Arsenal, Arsene Wenger, revolucionó el fútbol en Inglaterra a través de sus rutinas de entrenamiento y la importancia que daba a la dieta. Lo veremos con más detalle más adelante, pero otra forma en la que desarrolló a sus jugadores fue aumentando su flexibilidad. Como resultado, sus movimientos eran más rápidos, más suaves y mayores.

Estiramiento

La lista de beneficios del estiramiento es larga:

- Se reduce el riesgo de lesiones
- Se previene el dolor
- Mejora la postura (lo cual también puede ayudar a reducir las lesiones y mejorar el rendimiento)
- El dolor de espalda se trata
- Se mejora la coordinación
- El daño muscular se repara más rápidamente
- El dolor se reduce al moverse
- Hay un aumento de sangre y nutrición en el tejido corporal
- Las endorfinas son liberadas, mejorando la forma en que nos sentimos.

Hay algunas reglas a seguir con cualquier tipo de estiramiento.

- Estiramiento después de un entrenamiento, concentrándose en los músculos utilizados
  - Mantenga los estiramientos durante quince a treinta segundos
  - No rebote cuando se estire
  - Haga estiramientos regulares, no sólo durante la sesión de ejercicio.

Estiramiento de pantorrillas

Ponga un pie detrás de usted, manteniendo la pierna estirada. Mantenga el talón de ese pie firmemente en el suelo. Doble la rodilla de su pierna delantera hasta que sienta que la pantorrilla de su pierna trasera se estira. Mantenga el estiramiento durante treinta segundos y luego repita con la otra pierna.

Estiramiento del tendón de la corva

Ponga una pierna estirada hacia adelante y descanse en ese talón. Mantenga la espalda recta e inclínese hacia adelante desde las caderas hasta que sienta que la parte posterior de la pierna se estira. Sostenga por medio minuto y luego repita con la otra pierna.

Estiramiento de la cadera

Acuéstese boca arriba en el suelo durante este estiramiento. Cruce su pie derecho sobre su rodilla izquierda. Junte las manos detrás del muslo izquierdo y tire suavemente hacia usted, con la parte superior del cuerpo relajada. Manténgalo estirado durante treinta segundos y luego intercambie las piernas.

Estiramiento del pecho

Podemos pararnos o sentarnos para este ejercicio. Ponemos los brazos detrás de la espalda y enlazamos los dedos (si esto no es posible, simplemente ponemos los brazos lo más atrás posible). Enderece los brazos y levántelos ligeramente, hasta que sienta un estiramiento en el pecho. Manténgalo estirado durante treinta segundos.

Estiramiento del tríceps

Una vez más, podemos hacer este estiramiento de pie o sentados. Ponemos un brazo hacia arriba, luego lo doblamos a la altura del codo y ponemos la mano detrás de la cabeza. Usamos el otro brazo para jalar suavemente de nuestro codo. Mantén el estiramiento durante treinta segundos y luego intercambiamos los brazos.

Estiramiento de hombros

Ya sea sentados o de pie, tomamos el brazo izquierdo estirado sobre el pecho y señalamos con los dedos hacia afuera. Usamos nuestro otro brazo para jalar del brazo hasta que sentimos un estiramiento en el hombro. Aguantamos treinta segundos y luego repetimos con el otro brazo.

Composición de la grasa corporal

Definición de la composición de la grasa corporal

Esta es la cantidad comparativa de grasa y otras masas en nuestros cuerpos. La otra masa consiste en hueso, órganos y músculo. Idealmente, queremos masa corporal magra en lugar de demasiada grasa corporal.

¿Por qué es importante mantener la grasa corporal bajo control?

Hay varias razones para ello. La salud a largo plazo es mejor con la masa corporal magra, las enfermedades como los problemas cardiovasculares, la diabetes, la hipertensión, el accidente cerebrovascular, la enfermedad de Alzheimer y algunos tipos de cáncer se reducen mucho con la masa corporal baja.

En términos de nuestra rutina de ejercicio, la grasa obstruye nuestras arterias y ralentiza nuestra circulación. Esto pone más presión en el corazón para bombear sangre alrededor del cuerpo, lo que significa que nos cansamos más rápidamente. Además, la cantidad de oxígeno que podemos enviar a nuestros músculos se reduce, lo que significa que son menos eficientes y funcionan menos.

Formas de controlar la masa corporal

Más adelante en el libro veremos la dieta que se aplica a la aptitud para el fútbol. Pero la dieta es un factor importante para ayudar a mejorar la masa corporal magra.

Los alimentos bajos en grasa ayudan, y los ricos en proteínas también. La forma en que comemos también puede ser un factor determinante. Se sabe que hacer ejercicio después de un ayuno corto, digamos después de una noche de sueño, significa que nuestra grasa corporal se quema más rápidamente, sea cual sea el ejercicio, y se reemplaza con masa corporal magra.

En términos de ejercicio, tristemente no hay ejercicios maravillosos, pero la actividad de alta intensidad quema más grasa que la de baja intensidad. Por ejemplo, correr a toda velocidad quema la grasa de manera más efectiva que trotar. Las sesiones de alta intensidad en el gimnasio, como el ciclismo o el remo, también ayudan a quemar grasa. Sin embargo, se debe alcanzar un buen nivel general de forma física antes de participar en este tipo de actividad vigorosa.

Entrenamiento a intervalos

El entrenamiento a intervalos significa actividades de alta intensidad seguidas de descansos cortos. Se puede ver que esto imita más de cerca el fútbol, donde las carreras cortas e intensas o los driblear serán seguidos por períodos cortos de recuperación.

Para los principiantes, o para aquellos que necesitan ponerse en forma, el entrenamiento aeróbico básico a intervalos, a veces llamado AIT (Por sus siglas en ingles), es una buena manera de empezar. Esto puede ser usado con cualquier tipo de actividad, pero usaremos correr como ejemplo. Un buen punto de partida es trabajar de 15 a 20 minutos; está compuesto de tres a cuatro piques de un minuto con caminatas moderadas o rápidas en el medio. De esta manera, se consigue duplicar la duración total del ejercicio y duplicar los aspectos intensivos.

A medida que nos volvemos más en forma y más seguros de nosotros mismos, introducimos un entrenamiento más duro en los períodos tranquilos - así que, por ejemplo, si seguimos corriendo, podríamos trabajar de 45 a 50 minutos, con diez carreras de dos minutos de duración intercaladas con trote a trote medio. La intensidad extra de nuestro ejercicio nos permitirá obtener rendimientos cada vez más rápidos.

Trabajar con Pesas

No son las pesas en sí las que ayudarán a quemar grasa y a convertirte en un manojo de masa corporal magra. Es la resistencia que proporcionan las pesas. Así que se pueden obtener efectos similares trabajando contra una máquina, o incluso contra una pared.

El peso utilizado debe ser desafiante y ejercer presión sobre nuestros músculos, pero no lo suficientemente pesado como para causar desgarros u otras lesiones. Si es posible, es mejor tomar consejo cara a cara sobre la cantidad de peso que se ha levantado. Esto dependerá de una serie de factores: la masa corporal, el nivel general de forma física, el sexo y la edad.

A falta de todo lo demás, los consejos se pueden encontrar en línea, pero definitivamente es mejor hablar con un experto en acondicionamiento físico o con un médico antes de empezar. El trabajo con resistencia también ayudará a la resistencia cardiovascular, pero el principal beneficio es que el entrenamiento aumentará la capacidad del cuerpo para metabolizar la grasa tanto durante el entrenamiento como durante un período posterior.

Abajo hay algunos ejercicios de pesas, pero para todas las actividades comience con un calentamiento suave, haga una ronda de ejercicios con pesas ligeras y luego repita con pesas que le darán los resultados que usted desea. Finalmente, haga entre 10 y 14 repeticiones de cada ejercicio. Las pesas se pueden realizar entre dos y tres veces por semana.

Ejercicios

He aquí una selección de ejercicios para ayudar con el trabajo de resistencia.

Prensa de banco

Un banco de presión consiste en acostarse sobre un banco con los pies en el suelo. Luego se levanta un peso, ya sea en una barra o con mancuernas. El ejercicio desarrolla los músculos de la parte superior del cuerpo en el pecho y los brazos.

Zancadas

Aquí, la resistencia es el suelo. Nos ponemos en marcha como si estuviéramos en una carrera de media distancia: la pierna delantera está doblada a la altura de la rodilla, la pierna trasera va por detrás. Luego empujamos hacia adelante hasta que nuestra rodilla trasera toca el piso y empujamos de nuevo a una posición vertical normal. Este ejercicio fortalece las piernas y también ayuda a mantener el equilibrio. Nuestra espalda se mantiene recta durante todo el ejercicio.

Rizos

Con este ejercicio, las mancuernas se mantienen en cada mano. Con la espalda recta, las pesas se mantienen a nuestros lados. Luego son 'enroscados' hacia arriba, usando nuestros bíceps para realizar la tarea, fortaleciendo estos músculos.

Sentadillas

Nuestros pies se colocan en una posición estable aparte y ponemos las manos sobre los muslos. Manteniendo la espalda recta, nos inclinamos hacia atrás hasta que los codos se han deslizado hasta las rodillas. El peso está en nuestros talones, la cabeza está arriba, y las manos apuntan hacia adelante. La postura en cuclillas se completa levantando la espalda a la posición de pie, usando los músculos de las piernas y empujando hacia abajo con los talones.

Abdominales

Los abdominales son como medio sentarse y trabajar en los músculos abdominales. Nos tumbamos en el suelo y levantamos las rodillas en un triángulo, con los pies planos en el suelo. Luego, levantamos la parte superior del cuerpo y nos tumbamos de espaldas. Esto se repite varias veces. Siempre sabemos que estamos haciendo un crujido correctamente, porque lo sentiremos en nuestros músculos abdominales.

Entrenamiento en circuito

El entrenamiento en circuito es un poco como un programa de ejercicios a intervalos, pero que aborda varios grupos musculares. En una habitación, en un pasillo o incluso en nuestro patio trasero, organizamos una serie de ejercicios en un circuito.

Por lo tanto, podríamos tener una zona para cada ejercicio. Luego hacemos un circuito de esos ejercicios. Podríamos pasar dos minutos en cada base, luego descansar un minuto antes de pasar al siguiente elemento del circuito.

Fuerza y resistencia muscular

Los ejercicios anteriores no sólo nos ayudarán a crear una masa corporal magra, sino también a desarrollar la fuerza muscular. Sin embargo, también necesitamos resistencia. Es la capacidad de permanecer activo durante todo el partido, de recuperarse rápidamente, de resistir las lesiones y, cuando se sufre, de recuperar la forma rápidamente.

Examinaremos los ejercicios que ayudan con estos temas más adelante en el libro.

Diferencias con ser "fitness" para el fútbol

Arriba hemos dado algunas ideas con respecto al trabajo de acondicionamiento básico. Pero para estar en forma para el fútbol, no sólo necesitamos estos elementos básicos de aptitud física y fuerza muscular.

Necesitamos otros elementos de acondicionamiento físico, y cuando combinamos nuestro acondicionamiento físico futbolístico con un acondicionamiento físico completo, necesitamos ese bienestar para ser eficaces en una situación competitiva. Si la aptitud general encaja en las cinco categorías de resistencia cardiovascular, flexibilidad, composición de la grasa corporal, fuerza muscular y resistencia muscular, entonces la aptitud para el fútbol puede subdividirse en las siguientes áreas:

- Resistencia cardio-respiratoria, o CRE: Es decir, la capacidad de durar los noventa minutos completos del juego, con nuestro rendimiento constante durante todo ese tiempo (difícil de alcanzar, incluso a nivel profesional, un objetivo en el que fijarnos metas).
- Velocidad: Siempre que jugamos en el campo, tenemos que ser rápidos. Ya se trate de un guardameta que se recupera de una parada de paradas, de un defensor que vuelve a su posición, de un centrocampista que se cubre y apoya hacia delante, o de un delantero que utiliza el ritmo para ponerse detrás de un defensor, la velocidad es una parte esencial del juego.
- Resistencia a la velocidad: Esa es la capacidad de ser capaz de realizar piques tan efectivamente al final del juego como al principio.
- Agilidad: Los jugadores de fútbol deben ser capaces de girar y girar, de cambiar de dirección rápidamente y de jugar en el medio turno. La flexibilidad es una parte esencial de la agilidad, pero también lo son otros factores como la fuerza muscular y el equilibrio.
- Equilibrio: Una habilidad crucial para los jugadores de fútbol de éxito. Tenemos que ser capaces de controlar y jugar el balón cuando estamos bajo la presión de nuestros oponentes, cuando nos empujan y nos golpean y cuando nuestros cuerpos están en posiciones inusuales. Simplemente, si nos caemos, no podemos hacerlo.

- Aptitud emocional: Debido a que el fútbol es un deporte de competición, de contacto, jugado a alta velocidad, se sentirán golpes dolorosos, los jugadores serán objeto de falta y a veces el árbitro, el árbitro, se equivocará. Es importante que seamos capaces emocionalmente de lidiar con esto, la alternativa es una larga caminata hasta el vestidor y una ducha temprana.

- Aptitud mental: Nuestros cuerpos se cansarán inevitablemente durante el transcurso de un partido. Sin embargo, debemos mantener la concentración durante los noventa minutos. La mayoría de los goles en el fútbol profesional se marcan en el último cuarto del partido, a medida que los cuerpos y las mentes se cansan y los errores se acumulan. Nuestra capacidad para eliminar o al menos reducir estos errores se debe a nuestra salud mental.

- Motivación: Debido a la naturaleza subjetiva de la toma de decisiones, el elemento competitivo del juego y el hecho de que es un juego de equipo, dependemos del rendimiento de nuestros compañeros, así como de nuestro propio juego, y las cosas pueden salir mal. Y esas cosas no son necesariamente asuntos con los que podamos lidiar, como en, digamos, el tenis. Por lo tanto, necesitamos encontrar dentro de nosotros mismos la motivación para seguir trabajando duro, seguir haciendo todo lo posible y creer que podemos hacer una diferencia incluso cuando las cosas van en contra de nosotros.

En este capítulo hemos considerado la naturaleza de la aptitud física general, la hemos dividido en cinco componentes y hemos ofrecido ejercicios para desarrollarlos. También hemos analizado las formas en que la forma física del fútbol se basa en estos y tiene diferentes elementos para la forma física general.

Ahora pasaremos a analizar en detalle los procedimientos de entrenamiento que pueden ayudarnos a asegurarnos de que nuestra aptitud para jugar al fútbol sea lo más fuerte posible.

Diferentes aspectos del fútbol de alto rendimiento

En este capítulo, nos basaremos en el anterior para analizar los cinco aspectos principales de la condición física del fútbol.

Estos pueden ser categorizados como:

- Condición física cardiovascular
- Agilidad
- Velocidad
- Fuerza muscular
- Aptitud mental

La salud cardiovascular nos ayudará a lograr lo siguiente, en un sentido puramente futbolístico:

- Sigue tocando durante noventa minutos.
- Retrasar la aparición de ácido láctico en nuestros músculos
- Ayuda a la concentración
- Permitirnos mantener los niveles de habilidad
- Permitirnos hacer piques durante más tiempo y con más frecuencia

- Ayúdanos a recuperarnos rápidamente de los piques, para que podamos seguir jugando cuando se pierda la posesión.

La agilidad nos ayudará a hacerlo:

- Proteger nuestro cuerpo evitando los malos placajes
- Contacto de absorción
- Muévase con flexibilidad
- Mantener el equilibrio en diferentes situaciones
- Emplea la habilidad que hemos aprendido a pasar, driblear, tirar y placar.

Necesitamos velocidad de las siguientes maneras:

- Sostener carreras largas y rápidas, como las que los centrocampistas buscan hacer.
- Moverse explosivamente sobre dos o tres metros para pasar a un defensor al salir corriendo del balón, vencer a un defensor, encontrar un momento de espacio, hacer un tacklear.
- Corre diez metros para encontrar espacio al salir corriendo de la pelota, para llegar a un pase largo al espacio y para recuperarte para ponerte en posición o hacer un tacklear.
- Corre veinte metros cuando corras con la pelota o te recuperes para detener un descanso.

La fuerza muscular nos ayudará en las siguientes áreas:

- Ayúdanos a mantener el equilibrio a la hora de jugar el balón desde una posición poco convencional.
- Ayúdanos a mantener el equilibrio cuando recibimos el balón en posiciones incómodas.
- Evitar lesiones
- Retener a un oponente
- Mantenga la forma física durante todo el juego, con todos los beneficios que esto conlleva.

La aptitud mental, como hemos visto anteriormente, nos ayudará a evitar problemas disciplinarios, nos ayudará a mantener la motivación y la concentración, nos ayudará a tener confianza en nuestra propia capacidad y, quizás lo más importante de todo, nos ayudará a disfrutar de este increíble deporte.

Fuerza en la parte superior del cuerpo - Ejercicios para el fútbol

Ahora que entendemos la importancia de la buena forma física del fútbol, es el momento de entrar en detalles, con actividades específicas que nos ayudarán a desarrollar nuestra capacidad de jugar, sostener y disfrutar de nuestro juego.

Necesitamos la fuerza de la parte superior del cuerpo o, simplemente, seremos derribados del balón. Una buena fuerza en la parte superior del cuerpo también tiene el efecto secundario positivo de estimular nuestros sistemas nerviosos; esto proporciona el beneficio de hacer que nuestras reacciones sean más rápidas.

La parte superior del cuerpo es a menudo el elemento de fitness más descuidado cuando los jugadores entrenan para el fútbol, al menos a nivel amateur. Esto se debe a que nos concentramos (apropiadamente) en la parte inferior de nuestro cuerpo. Sin embargo, si no podemos proteger el balón, controlarlo o evitar que se nos escape, entonces, por muy hábiles que seamos, somos ineficaces porque hemos perdido el balón.

Usando una pelota medicinal

Hay muchas actividades de fuerza en la parte superior del cuerpo que podemos practicar con una pelota médica. Todo lo que se necesita es el balón y una pared (para rebotar el balón) o un compañero para devolverlo.

Los puntos clave al usar una pelota medicinal son mantener las caderas bajas, extender las piernas para mantener el equilibrio, seguir adelante con el lanzamiento y absorber la captura para que la energía de la pelota se transfiera a través de nuestros brazos, a través de nuestro centro y a través de nuestros pies.

Entrenamientos con una bola medicinal

- Cada ejercicio implica lanzar y atrapar la pelota medicinal.
- Pase de pecho: Aquí el balón se lanza desde el pecho con los brazos en alto y rectos, como si fuera un pase de baloncesto o de baloncesto. Las caderas son bajas, la espalda recta y los brazos se extienden para pasar y retraerse para absorber la captura.
- Paso lateral: Un pie se coloca ligeramente delante del otro, la espalda está recta. La pelota es lanzada con un movimiento de balanceo desde la altura de la cintura, como un pase de rugby. El ejercicio consiste en alternar el lado desde el que se realiza el pase.

- Stretch Pass: Aquí estamos a noventa grados de nuestra pareja o de la pared. Extendemos nuestra pierna delantera, un poco como si estuviéramos a punto de hacer una embestida. Con un movimiento de rotación de la parte superior del cuerpo, la pelota es lanzada desde la altura de la cintura, usando ambas manos. Al igual que con el paso lateral, alternamos los lados desde los que lanzamos.
- Pase de lanzamiento de peso: Las piernas están reforzadas una frente a la otra, y el pecho mira hacia la pared. Usando AMBAS manos, lanzamos la pelota medicinal como si fuera un lanzamiento de peso.

Pesas

Las actividades de pesas discutidas en el Capítulo Uno son ideales para el entrenamiento de fuerza de la parte superior del cuerpo. Prensas de banco, rulos, etc. nos ayudarán a alcanzar nuestras metas.

Recuerde, cuando levantamos pesas, nuestras espaldas deben estar rectas. Además, debemos levantar un peso que represente un reto, pero que no suponga un esfuerzo excesivo para nuestros músculos. Si nos vamos a lesionar, al menos ahorremos eso para el campo, ¡no para el régimen de entrenamiento!

Los elevadores de muerte son ascensores hechos desde una posición de pie y estos ayudarán a desarrollar la fuerza del núcleo, así como la de la parte superior del cuerpo.

Coloque la barra en el suelo. Párese con las piernas apoyadas y agarre la barra con ambas manos, aproximadamente a la anchura de nuestros dos hombros. Asegúrese de que la espalda esté recta y que la cabeza mire hacia arriba. Levante la barra a la altura de los hombros. Baje la barra lentamente hasta el suelo, asegurándose de que la espalda y la cabeza permanezcan rectas. El ejercicio también se puede hacer exactamente de la misma manera usando campanas tontas.

Remo (high row)

Se necesita una máquina para esta actividad, la mayoría de los gimnasios tienen una máquina de ejercicios High Row. Siéntese con la espalda recta. Flexione las rodillas y agarre las asas. Tire del adaptador hacia la parte superior del abdomen. Invierta el movimiento, lentamente y bajo control.

Saltos en caja (Box Jumps)

Brillante para la fuerza del abdomen y del pecho, así como para los músculos de las piernas. Se necesita una caja, alrededor de la espinilla hasta la rodilla, en la que saltamos. Nuestros pies están separados a la anchura de los hombros y nos ponemos en cuclillas. Movemos los brazos para ganar ímpetu y saltamos explosivamente a la caja, empujándonos hacia arriba.

Sentadillas y Variaciones

Una pequeña advertencia aquí, las personas con problemas de espalda baja deberían evitar este tipo de ejercicio.

Las sentadas estándar requieren que nos acostemos con las rodillas levantadas y los pies firmemente apoyados en el suelo. Ponemos los brazos, cruzados, sobre el pecho, y simplemente nos sentamos. Exhalamos mientras nos empujamos hacia arriba. Una vez que nos volvemos buenos en esto, al poner nuestras manos sobre nuestras cabezas, hacemos que el ejercicio sea más desafiante.

Podemos variar la actividad para trabajar en diferentes músculos de la parte superior del cuerpo convirtiendo el asiento hacia arriba en un asiento lateral hacia arriba. Aquí, mientras nos sentamos, giramos sobre nuestro codo, el cual colocamos en el suelo, doblado a noventa grados. Con los asientos laterales hacia arriba, lo mejor es alternar los lados sobre los que giramos.

Después de haber visto una variedad de ejercicios que podemos realizar para desarrollar nuestra fuerza en la parte superior del cuerpo, entonces elaboramos un programa para satisfacer nuestras necesidades individuales. Un programa típico podría ser algo así a continuación:

Cuarenta y cinco minutos - Quince repeticiones en cada actividad, dos circuitos. Recuerde estirar para calentar, y, no se puede exagerar, use pesas que le proporcionen resistencia, pero que no sean tan pesadas como para causar daño. Tome consejo profesional si no está seguro.

Comienza con sentadillas, seguido de zancadas y luego saltos de boxeo. Pase al trabajo con balones medicinales, por ejemplo, pase de pecho, pase lateral y pase de lanzamiento de peso. Luego sobre las pesas; rizos seguidos de levantamientos muertos. Termina el circuito con trabajo abdominal - abdominales - abdominales, luego siéntate y termina con abdominales laterales.

Las actividades de fortalecimiento de la parte superior del cuerpo se pueden usar como un comienzo para una sesión de entrenamiento larga o se pueden practicar por sí solas. Llevarlos a cabo dos veces por semana ayudará a los jugadores a desarrollar este elemento de su condición física sin poner demasiada tensión en el cuerpo.

Mantener la fuerza de la parte superior del cuerpo es mejor durante todo el año, fuera de temporada, así como durante los entrenamientos de pretemporada y los partidos. Es importante para todos los jugadores, pero especialmente para los centrocampistas y las mitades centrales, donde las batallas van a representar una gran parte de su juego.

"Pliométricas" - Entrenamientos para la velocidad

Los jugadores a nivel profesional realizan entre cincuenta y cien piques durante el transcurso de un partido. Cada pique puede ser de más de uno por minuto. Encima de esto, están los movimientos explosivos que se usan para crear espacio o golpear a un oponente.

Quizás sorprendentemente, no son los delanteros los que hacen más piques, de hecho, son los que más a menudo lo hacen atacando a los centrocampistas y a los laterales. Quizás sea una característica de la forma en que se ha desarrollado el fútbol profesional que se espera que estos defensas apoyen el ataque, proporcionando anchura y centros, así como que vuelvan a hacer su trabajo diario.

Hay cuatro elementos principales en los que hay que trabajar para el entrenamiento de velocidad.

- Pliométrica - Este es un entrenamiento para ese momento explosivo que inicia una carrera, o crea el espacio para golpear a un jugador o hacer un *tackle* (en sí mismo, a menudo una actividad de velocidad).

- La habilidad de hacer piques por sí misma
- Recuperación del pique
- Resistencia a la velocidad, la capacidad de mantener el pique a lo largo del juego.

Pliométricos

Para entrar un poco en la ciencia de la pliométrica, los ejercicios necesitan desarrollar los tres elementos de la acción explosiva. En primer lugar, la fase excéntrica, que consiste en preparar los músculos para la explosión de poder que se producirá en breve. Luego viene la etapa de amortización, que es el punto de transición entre la preparación para el despegue y su realización. Finalmente viene la fase concéntrica, a veces llamada la fase de despegue. Esto implica utilizar la energía almacenada de la etapa excéntrica para aumentar la potencia del movimiento.

Es interesante observar que siempre hemos buscado el salto, la primavera, el empuje, etc. en nuestras actividades deportivas. Pero es sólo relativamente reciente que hemos puesto esto en un contexto en el que entendemos que los músculos trabajan aún más eficazmente cuando la etapa excéntrica está conectada al punto concéntrico.

La prueba de Klatt

No hay duda de que emprender una serie de ejercicios para desarrollar nuestro explosivo uso muscular supone una gran carga para estos músculos. Incluso a nivel profesional, donde los atletas están altamente entrenados con entrenadores expertos, se producen lesiones. Los músculos de los tendones de la corva, de la pantorrilla y de la ingle a menudo se dañan durante las carreras y los placajes de los pulmones. Al entrenar, reducimos el riesgo de ese tipo de lesiones. Sin embargo, es necesario que exista un cierto nivel básico de flexibilidad antes de que el entrenamiento pueda comenzar con seguridad. Hay un proceso simple llamado la prueba de Klatt que los jugadores deben someterse antes de comenzar los ejercicios para desarrollar su velocidad explosiva.

Estas pruebas se realizan con los pies descalzos; se necesita a alguien para realizarlas, pero podrían formar parte de una práctica de equipo con jugadores trabajando en parejas.

La primera evaluación verifica el equilibrio y la estabilidad.

- El jugador se pone de pie sobre un pie.
- La pierna libre se levanta de modo que el muslo quede paralelo al suelo.

- La otra pierna permanece recta y los dedos de los pies están curvados hacia arriba.
- La posición se mantiene durante diez segundos.
- El observador nota el nivel de movimiento y temblor - debe haber poco.
- La prueba se repite con la otra pierna.
- Una segunda prueba es la postura en cuclillas.
- El jugador se pone en cuclillas sobre una pierna, doblando la cadera, la rodilla y el tobillo.
- La postura en cuclillas se mantiene durante diez segundos.
- La postura en cuclillas se repite con la otra pierna.
- Aquí, no es el nivel de agitación lo que importa, sino que hay poca diferencia entre cada pierna.

La segunda evaluación es una prueba de salto, para la cual se deben usar entrenadores.

- Salto de conejo de veinte metros que termina con una posición hacia abajo que se debe mantener durante diez segundos.
- El observador registra el número de lúpulos tomados, la profundidad del último lúpulo y cualquier sacudida o desviación que se produzca.
- A continuación, el jugador realiza un salto de una pierna durante diez saltos.

- Se registra la distancia recorrida y se observa la estabilidad en el aterrizaje.

- El último salto se mantiene durante diez segundos en la posición natural más baja.

- Se registra la profundidad de la postura en cuclillas (aproximadamente es fina) y también la cantidad de sacudidas.

- La actividad se repite con la otra pierna.

- El observador busca estabilidad y similitud en la distancia y profundidad de la postura en cuclillas entre las piernas.

Cuando se trata de evaluar la prueba, para el trabajo amateur se encuentra una impresión aproximada. (En instalaciones más profesionales, la prueba puede repetirse regularmente, se pueden medir los resultados comparados con el efecto del entrenamiento sobre la estabilidad del participante. Más estabilidad significa que se utiliza más energía de los músculos para crear el efecto pliométrico deseado.)

Los resultados que buscamos son una estabilidad razonable a través de todos los movimientos, y resultados similares con cada pierna. Siempre y cuando estén en su lugar, entonces debería ser seguro trabajar en algunos de los ejercicios pliométricos que se enumeran a continuación.

Tenga en cuenta que el examen está bien para adultos y adolescentes, pero a menudo la coordinación en niños preadolescentes (hasta la edad de once años aproximadamente) significa que los resultados pueden ser sesgados.

Algunos ejercicios pliométricos

Drop Jump

Esta actividad desarrolla los músculos de las piernas a través de caídas y saltos.

El entrenamiento es simple. Caemos desde una altura baja (nota, caída - no salto, ya que estamos desarrollando el estado excéntrico y concéntrico de los músculos) al suelo o a una caja. Inmediatamente después saltamos, buscando la altura máxima. El objetivo es saltar rápidamente, idealmente la transición que se pretende completar en un cuarto de segundo (aunque puede resultar un objetivo difícil de alcanzar).

Hay algunos puntos clave del ejercicio:

- Aterrizar en las pelotas de los pies - Si los talones tocan primero el suelo, entonces la altura desde la que hemos caído es demasiado alta y necesita ser bajada.
- Mantenga las piernas rígidas en contacto con el suelo.
- Mantenga las flexiones de rodilla y cadera lo más pequeñas posible.
- Aterrice con las piernas juntas.
- Salta tan alto como puedas.

La altura de caída es menos importante que la técnica y la altura del salto aquí, pero aún así una caída más alta desarrollará la velocidad de transición y la fuerza muscular hasta cierto punto. Comienza en torno a los 30 cm y a medida que se produce la mejora, aumentamos la altura de caída en intervalos de 15 cm.

Un buen consejo de entrenamiento es el estrés: Salta rápido, salta alto.

Hurdling and Bounding

Este es un entrenamiento realmente útil para desarrollar la velocidad de pique, ya que funciona tanto en las acciones verticales como en las horizontales involucradas en la velocidad. Hay varios ejercicios que se pueden emplear, y pueden ser mezclados y variados para mantener nuestro interés en el entrenamiento.

Probablemente es mejor empezar con los límites de dos piernas, ya que éstos ejercen menos presión sobre nuestros músculos y ligamentos, pero para mejorar realmente, necesitamos pasar a los límites de una sola pierna, saltos que podríamos llamarlos.

- Saltos de pie: Se trata de actividades de baja intensidad. Meter el cuerpo y saltar hacia arriba. Luego nos desarrollamos arrodillándonos, y en el salto, estiramos una pierna hacia adelante y aterrizamos como un salto. Entonces podemos convertir esto en un salto de longitud de pie.
- Para mover la actividad a intensidad media, añadimos múltiples saltos. Podemos hacer límites largos (zancadas exageradas); se pueden añadir saltos de conejo. Luego podemos añadir obstáculos bajos y hacer saltos de doble pie sobre obstáculos bajos y saltar escalones, aterrizando con dos pies.
- Entonces podemos construir un circuito que incorpore todo el trabajo de intensidad media.
- Para convertir esto a alta intensidad podemos añadir un salto de longitud al final. Así que, un pique de once pasos, dos saltos y luego un salto largo de un solo pie a un hoyo, o a una gran colchoneta.
- El trabajo de mayor intensidad y con obstáculos implica mantener la posición durante unos segundos antes de seguir adelante. Por ejemplo, comenzar con una caída, saltar y sostenerse en el

aterrizaje; poner en salto, sostenerse, saltar, sostenerse, atarse, sostenerse, atarse, atarse, sostenerse, escalón, sostenerse, saltar hacia abajo y hacia arriba y sostenerse, y terminar con un salto de longitud.

Son ejercicios específicamente diseñados para desarrollar las capacidades explosivas de las piernas, que son las que se necesitan para correr en el fútbol. La pliométrica también existe para la parte superior del cuerpo y los brazos, pero no es tan relevante para el jugador de fútbol.

A continuación, se presentan ejemplos de dos sesiones que podrían utilizarse para desarrollar la fuerza pliométrica, aunque los jugadores y los entrenadores pueden desarrollar fácilmente la suya propia. El primer entrenamiento es de menor intensidad que el segundo.

Sesión A

(Asume que los participantes ya están calientes).

1. Comience con ejercicios rápidos y explosivos para desarrollar la fuerza elástica. Veinte saltos de baja caída seguidos de tres circuitos de diez saltos de doble pie de baja valla.

2. A continuación, concéntrese en actividades que ayuden a desarrollar la fuerza concéntrica. Veinte saltos de longitud de pie; veinte saltos de vallas de altura (dos pies)

3. El aspecto final de los entrenamientos es trabajar en la resistencia excéntrica. Esto podría ser diez saltos de caída más altos.

Sesión B

Esta sesión es más progresiva e incluye trabajo en la parte superior del cuerpo.

1. De diez a veinte saltos de doble pie en vallas bajas.
2. Cuatro a seis circuitos de veinte límites seguidos de diez saltos (alternando el pie en cada circuito). Recuerde, la intensidad puede ser incrementada manteniendo la posición de aterrizaje después de cada salto y atado.
3. De diez a veinte pasos en una caja. Diez saltos de doble pie sobre una caja.
4. Si se añaden los límites de velocidad, se trata efectivamente de correr con zancadas largas y saltantes. Tres juegos de seis a diez está bien.
5. Trabaje la parte superior del cuerpo y los músculos abdominales con tres minutos de tiros de pelota medicinal, como se ilustra en el capítulo anterior.

Las sesiones pueden intensificarse añadiendo subidas de carrera, por ejemplo, cinco zancadas en los pasos, límites o saltos.

En términos de la duración de las sesiones, los ejemplos anteriores incluyen alrededor de cien "contactos" para la primera sesión, y cerca de doscientos para la segunda. Sin embargo, la pliométrica se refiere más bien a la calidad que a la cantidad. Incluso para los atletas experimentados, doscientos contactos son el máximo recomendado, con ciento cincuenta un buen número para la mayoría de las sesiones entregadas a los experimentados y en plena forma. Entre cuarenta y sesenta contactos es más que suficiente para los principiantes.

Siempre permita un minuto de descanso entre las repeticiones y los ejercicios. Evite el cemento o las superficies asfaltadas para los entrenamientos - ya sea césped o un piso de gimnasio adecuado es mejor porque el suelo protegerá los músculos, ligamentos y huesos contra parte del impacto.

Si los jóvenes están haciendo los ejercicios - adolescentes y más jóvenes - entonces el impacto en el cuerpo necesita ser reducido y treinta a cincuenta contactos es el máximo, dependiendo de la edad y la experiencia. No queremos dañar los huesos y músculos en crecimiento.

Recuerda, el mantra aquí es:

¡Calidad, no cantidad!

Prácticas de hacer piques

La pliométrica ayudará a nuestros músculos a desarrollar la calidad explosiva necesaria para el pique. Sin embargo, la técnica también es importante, y podemos hacer ejercicios para mejorarla.

Posicionamiento para elPique

En el fútbol, esos primeros tres a cinco metros son esenciales para conseguir una ventaja sobre nuestro oponente, ya sea delantero u oponente. Este entrenamiento nos ayuda a llegar a la posición correcta para nuestra ráfaga de velocidad.

- Empezamos con el cuerpo erguido, las piernas separadas a la anchura de las caderas.
- Nos inclinamos hacia adelante hasta que empezamos a caer. Es nuestra cabeza la que controla este movimiento. Podríamos tener la sensación de que nos estamos inclinando demasiado, pero en realidad nuestros cuerpos estarán en el ángulo perfecto para ser una aceleración rápida.

- A medida que nos inclinamos, nos desplazamos para elevarnos sobre la planta de los pies. Es importante que durante todo el proceso de inclinación no nos doblemos en la cintura.

- Cuando sentimos que estamos comenzando a caer, movemos las rodillas y nos levantamos del suelo con las pelotas de los pies. Deberíamos sentir la fuerza de esto.

- Mantenemos los codos firmes a noventa grados, y el balanceo de nuestro brazo proviene de la articulación del hombro. De este modo, mantenemos el equilibrio y creamos la máxima fuerza de avance.

- Mantenemos las manos relajadas - esto es muy importante para el fútbol, porque es posible que nos entorpezcamos, y necesitamos que nuestras manos estén lo suficientemente relajadas para poder movernos con facilidad y mantener el equilibrio. ¡No podemos correr si estamos tumbados en el suelo!

- Luego corremos diez o veinte metros, sea cual sea el pique que estemos practicando.

- Tenemos un tiempo de recuperación caminando de regreso a la salida.

- Deberíamos repetir el ejercicio diez veces como parte de la rutina de mejora general. Si los piques son más largos, podemos optar por reducirlo a seis u ocho repeticiones.

Arranque del pique

Este entrenamiento no es directamente transferible al campo de fútbol, pero nos ayudará a conseguir la mejor posición corporal para correr durante un partido.

- Colocamos dos conos a unos veinte metros de distancia.
- En el primer cono, nos tumbamos boca abajo, con la mano lista como si estuviéramos a punto de hacer una flexión.
- A la señal, subimos y corremos hacia el segundo cono.
- La posición inicial de nuestro cuerpo será muy baja, y buscamos mantener la posición más baja posible. Esto genera la máxima potencia en el arranque.
- Repetimos el ejercicio de seis a ocho veces.

Pique de retroceso

Este es un entrenamiento que trata de imitar la situación real del partido, cuando los jugadores están en la sombra de la pelota o de su oponente antes de entrar en un pique.

- Colocamos cinco conos a cinco metros de distancia, y los numeramos del uno al cinco.
- Comenzamos en el cono uno, nos inclinamos en una salida de velocidad de pie y aceleramos hasta el cono tres.

- Retrocedemos hasta el cono dos. Mientras hacemos esto, nos mantenemos en la planta de los pies, usamos los brazos para equilibrarnos y mantenemos el cuerpo bajo para mantener un centro de gravedad que permite un cambio rápido y ágil de velocidad (o dirección).
- En el cono dos, movemos nuestro peso hacia delante y conducimos con las piernas en las pelotas de nuestros pies y corremos al cono cuatro.
- Luego repetimos para volver a tres y luego a cinco.
- Podemos repetir la actividad cinco veces.

Pique Trotando

Este es otro entrenamiento en el que buscamos replicar situaciones de partidos reales, convirtiendo los trotes en piques.

- Colocamos tres conos - uno y dos están a veinte metros de distancia, con un cono tres a diez metros más adelante.
- Corremos a una velocidad del 75% desde el cono uno hasta el dos.
- Concentrándonos en nuestro ángulo, caemos a nuestra posición de pique, conducimos nuestras piernas y corremos hasta el cono tres.
- Volvemos al cono uno. Esta vez, en lugar de correr, barajamos, con movimientos de lado a lado, así como una tendencia general hacia

adelante. Esto es para imitar cómo podríamos seguir a un jugador mientras se mueve por el terreno de juego.

- De nuevo, en el cono dos caemos a nuestra posición de hacer un pique y nos dirigimos hacia adelante para una carrera de diez metros.
- Podemos repetir el ejercicio tres veces.

Recuperación de Pique

Nuestra resistencia cardiovascular será un factor clave en la velocidad con la que nos recuperamos de un pique. Los ejercicios que desarrollan esto resultarán en una recuperación más rápida de un pique.

El ejercicio a continuación nos permite tanto practicar la recuperación del pique como medir cómo vamos progresando a medida que desarrollamos nuestra resistencia cardiovascular.

Prueba de Recuperación de Resorte y Perforación

- Necesitamos cuatro conos. Se distribuyen en una línea de cinco metros entre el cono uno y dos, diez metros entre dos y tres, y otros cinco metros entre los conos tres y cuatro.
- Corremos de uno a dos, piques de dos a tres y trotes de tres a cuatro. Mientras tanto, se mide nuestro elemento de *pique* del entrenamiento.

- Mientras terminamos el trote, en el cono cuatro, esperamos diez segundos, y luego repetimos el regreso hacia el otro lado. Una vez más, nuestro tiempo de pique se mide.
- Repetimos la actividad hasta que hayamos completado seis piques.
- Podemos usar los datos para rastrear nuestra velocidad de pique a lo largo del tiempo. El objetivo es que todos los piques tengan el mismo ritmo.
- La prueba se puede adaptar a carreras cortas de cinco metros (aunque el cronometraje puede ser difícil aquí) y extenderse a carreras de veinte e incluso treinta metros.
- Los jugadores deben trabajar en la duración del pique que tienen más probabilidades de emplear. A los porteros no se les exige a menudo que corran con regularidad, pero su velocidad por encima de los diez metros merece la pena dedicarles tiempo. Los defensas centrales y los delanteros tienden a hacer piques más cortos, por lo que pueden trabajar hasta diez o quince metros. Las espaldas completas y los mediocampistas tienen más probabilidades de hacer piques más largos y, por lo tanto, deben trabajar hasta veinte o treinta metros.

Pique de Resistencia

Una vez más, nuestra resistencia cardiovascular general ayudará a nuestra capacidad de correr al principio del juego y a mantener el ritmo a medida que surja la necesidad en los próximos noventa minutos. El entrenamiento anterior funciona muy bien para medir y practicar esto con una ligera adaptación. En lugar de realizar seis piques con un espacio de descanso entre ellos, dividimos la sesión de entrenamiento en cuatro elementos (algo que es probable que ocurra de todos modos).

Una vez que hemos calentado, realizamos una o dos de las carreras. Luego, durante la sesión, realizamos la prueba dos veces más, a intervalos razonablemente regulares. Terminamos la sesión con la práctica de pique. Una vez más, podemos medir si la resistencia del pique de nuestros jugadores, o de nosotros mismos, es fuerte haciendo coincidir los tiempos al principio de la sesión con los tiempos al final.

Si no lo son, podemos usar algunos de los ejercicios cardiovasculares descritos anteriormente en este libro para tratar el problema.

En este capítulo hemos mirado con cierto detalle los ejercicios que podemos usar para mejorar nuestra velocidad y capacidad de pique en el fútbol. Estos han incluido ejercicios que desarrollan nuestra capacidad de hacer piques, y aquellos que trabajan en la habilidad en sí.

En el fútbol, la mayor parte del tiempo lo pasamos sin el balón, buscando hacer carreras, o cubriendo las realizadas por jugadores contrarios. Necesitamos esa ráfaga de velocidad para llegar primero al balón para crear una oportunidad de gol, ganar la posesión o impedir que el adversario tenga un disparo a puerta.

Hay momentos en los que tenemos que correr con la pelota. Debería haber prácticas regulares, tal vez usando los ejercicios más adaptables desde arriba, cuando practiquemos el pique con la pelota (controlando con nuestros cordones para asegurarnos de que nuestra zancada no se rompa).

Después de analizar el pique, investigaremos el entrenamiento de resistencia para asegurarnos de que estamos mejor preparados para superar los noventa minutos sin que se produzca ninguna caída en el rendimiento.

Resistencia

Es un escenario con el que todos estamos familiarizados. Diez minutos para terminar, 2-1 adelante y tenemos un tiro de esquina. Subimos las mitades centrales y nos movemos a nuestra posición en el borde del área. El córner entra, se dirige despejado y cae al centro hacia adelante. Sigue adelante y somos conscientes de que su jugador más veloz se nos está acercando. Tiene el mismo ritmo que nosotros, a pesar de los entrenamientos que hemos hecho, no podemos igualar.

Pero tenemos que seguirle el ritmo, aunque sea a lo largo del campo. Las piernas pesadas, la cancha mojada, salimos. ¿Hacemos la carrera de estallido de pulmón que termina con nosotros llegando justo a tiempo para entrar en el último segundo? ¿O fracasamos, con las manos en la cadera, el pecho en llamas, en la línea de mitad de cancha mirando la pelota desde la red de portería?

O tal vez sea al revés, y nosotros estamos detrás y enfrentándonos a una situación de bola muerta. Defendemos el córner, nuestro centro se despeja. Nuestro delantero lo sostiene en alto y necesita desesperadamente apoyo para meter el balón en los metros de espacio que hay delante. ¿Llegaremos allí, dándonos la oportunidad de marcar el gol del empate? ¿O esa oportunidad va a recaer en otra persona? ¿O a nadie en absoluto?

La resistencia es la capacidad de producir un esfuerzo sostenido. Esfuerzo físico o mental, eso es.

A continuación, se presentan algunos ejercicios que podemos utilizar para aumentar la resistencia física. Son ejercicios estupendos, pero no deben practicarse en los dos días siguientes al siguiente partido, ya que provocan un agotamiento del juego, ¡que es lo último que intentamos conseguir!

Driblar y correr

Este ejercicio es ideal para los principiantes, los menos aptos o para la primera sesión después de la pausa de mitad de temporada. Sabemos que la hora, por decididos que estemos a mantenernos en forma, la tentación de una cerveza fría en la terraza, una pizza al paso y un helado refrescante eran demasiado grandes... la mayoría de los días. Y ahora, con nuestro equipo, la camiseta de fútbol un poco demasiado pegajosa en el medio, sabemos que tenemos trabajo que hacer.

El entrenamiento es sencillo y ayudará a crear resistencia rápidamente y con sólo un poco de dolor!

El entrenamiento utiliza la anchura del paso. Goteamos el balón a toda velocidad desde la línea de banda hasta la mitad del campo. Allí dejamos el balón y corremos a la línea de banda opuesta a trote rápido, digamos un ochenta por ciento de la velocidad máxima. Nos damos la vuelta, todavía en un trote rápido y volvemos a la pelota. Luego regateamos el balón a toda velocidad y volvemos a la línea de banda original.

Comprobamos el tiempo que nos llevó hacer el ejercicio, y el resto de ese tiempo. Así que, si tardamos ochenta segundos en completar el recorrido, descansamos ochenta segundos. Repetimos el ejercicio hasta que lo hayamos completado seis veces.

- *"Shuttles"*

Este entrenamiento es un poco más exigente y es el más adecuado para aquellos que han mejorado su resistencia básica y ahora necesitan desarrollarla más.

El entrenamiento utiliza la mitad del terreno de juego, trabajando desde la línea de meta hasta la línea de mitad de camino. Es una actividad en grupo y requiere dos bolas. Una pelota está en la línea de mitad de cancha, la otra es sostenida en la línea de meta por un compañero. Otro compañero de equipo se encuentra a diez metros de la línea de mitad de cancha, en la misma mitad del campo que sus compañeros de equipo. Nos paramos a mitad de camino entre la línea de meta y la línea de mitad de camino. Los tres jugadores están en línea recta.

Corremos hasta la línea media y pasamos el balón al compañero más cercano. Nos damos la vuelta y corremos en línea recta hacia el otro jugador. Ese jugador nos lanza un cabezazo, que hacemos y volvemos a él. Luego nos damos la vuelta y volvemos corriendo a nuestro punto de partida. Todos se mueven alrededor de una posición para dar algo de tiempo de recuperación. El ejercicio se repite hasta que cada uno de los tres jugadores haya completado el elemento de carrera seis veces.

Una ventaja real de los dos ejercicios vistos hasta ahora es que involucran trabajo con la pelota además de correr. Esto hace que ambos sean un poco más interesantes de hacer, pero también ayuda a mantener las habilidades del balón. La mezcla de trabajo con el balón y el trabajo fuera del balón también es bastante realista para la situación del partido.

De un extremo a otro

Este es un entrenamiento avanzado y realmente probará y desarrollará resistencia. Se trata de correr a diferentes velocidades sin la pelota.

Como el entrenamiento es más complicado que los dos anteriores, lo mostraremos en viñetas para facilitar la comprensión.

- Empieza por el banderín de córner.
- Corre alrededor de la cancha completa hasta que volvamos a nuestro punto de partida. No cortes las esquinas, porque hacerlo no ayuda con la disciplina mental. Reducir las curvas en un partido puede conducir a errores.
- De vuelta en nuestro punto de partida nos movemos al setenta por ciento de la velocidad total a la línea de mitad de camino.
- Luego completamos la vuelta completa corriendo.
- A continuación, aumentamos nuestra distancia de velocidad del setenta por ciento a lo largo de todo el campo antes de volver a trotar hasta el punto de partida.
- Repetimos la lista completa de los puntos anteriores.
- Hay un elemento más vigoroso en este entrenamiento que podemos usar.
- Ignorando el elemento de "repetición" del entrenamiento anterior, aumentamos nuestro elemento del 70 por ciento con un

"banderín de esquina" cada vez, hasta que completemos el circuito completo al 70 por ciento.

- Eso es duro, ya que terminaremos con cinco circuitos completos que se ejecutan a una longitud cada vez mayor y a un ritmo más rápido cada vez.

- El entrenamiento imita el juego de parejas en el que corremos la mayor parte del tiempo, pero a diferentes velocidades.

Estos ejercicios realmente nos ayudarán a desarrollar nuestra resistencia física, pero hay más en ese atributo que la capacidad de correr durante noventa minutos.

Empezamos este capítulo con un par de escenarios de partidos. Aquí hay otra. Es 1-1 en los últimos cinco minutos. Estamos defendiendo una esquina. Tenemos a nuestro hombre bien marcado y confiamos en que, si el balón se le acerca, lo tenemos cubierto.

Cuando la esquina está a punto de colarse, vemos una carrera de otro jugador cercano, y comprobamos que su carrera está cubierta. Vemos que lo es, y luego oímos una ovación, vemos a nuestro portero postrado, a nuestros compañeros de equipo mirándonos acusadoramente. Cuando comprobamos la trayectoria del otro delantero y vimos que estaba tapada, nuestro propio hombre se rompió detrás de nosotros, se coló por delante y puso el córner firmemente en el córner con un remate de cabeza fino, pero sin marcar.

En ese momento nuestra concentración se había desconectado durante medio segundo, y era suficiente para costar un gol. Nuestra resistencia mental nos falló.

No hay duda de que existe un vínculo entre la forma física y la resistencia mental. Cuando estamos físicamente cansados, nuestra concentración disminuye o es más difícil de mantener. En el fútbol, tenemos que desconectar por un segundo, y puede costar un gol.

Incluso a nivel profesional vemos esto. Un centrocampista permite que un atacante le pase por delante, sin seguir la trayectoria. Nos distrae la aproximación de un adversario y perdemos un pase.

Tal vez el jugador que más necesita resistencia mental sea el guardameta. Él o ella puede pasar largos períodos de tiempo sin tocar el balón, luego necesita hacer una parada de reacción, tomar una decisión instantánea sobre si puede salir corriendo y despejar un balón de fondo o arrancar un centro del aire.

Pero todos los jugadores en el campo lo necesitan. El fútbol es un juego de equipo, y un equipo es tan fuerte como su eslabón más débil, lo que puede ser un cliché, pero sigue siendo cierto.

Sin embargo, hay ejercicios que podemos hacer que ayudarán a nuestra resistencia mental.

Creer en nosotros mismos

Mientras que la condición física juega un papel importante en el mantenimiento de la concentración durante un partido, también lo hace nuestra creencia en nosotros mismos.

Los estudios sobre los mejores atletas muestran una increíble confianza en sí mismos. Eso es algo que todos los actores necesitan desarrollar. Podemos entrenar para mejorar nuestra autoestima. Funciona así. Escuchamos nuestras palabras interiores. Tan simple como eso. Si nuestro pensamiento es, "ese extremo es más rápido que yo, y voy a luchar", la negatividad del pensamiento nos agotará. Pero si el pensamiento se vuelve, `ese extremo es rápido, pero puedo ganar nuestros duelos por mi posición', somos positivos y creeremos que podemos lograr el pensamiento.

La negatividad es agotadora, la positividad inspira - hay un mantra para cada jugador y cada entrenador.

Si vemos a los mejores jugadores de fútbol, sus cabezas no caen si pierden una oportunidad, si son golpeados en un desafío, averiguan lo que salió mal y lo abordan para la próxima vez, porque creen en sus habilidades.

Mirar el lado positivo

La visualización es otra manera de asegurar la resistencia mental, porque así como comer un plátano o una bebida de rehidratación nos dará energía física, la imagen de una escena positiva nos dará energía mental. Podemos visualizar de dos maneras durante un partido para ayudarnos a mantener la concentración. Si tenemos un momento de bola muerta específico, entonces podemos visualizar nuestro trabajo. Vemos que el penal se dirige a la esquina inferior. Nos imaginamos ganando de cabeza a nuestro oponente.

También podemos utilizar la visualización como un pick up. Si sentimos que estamos cansados o que acabamos de perder un duelo personal con nuestro oponente, entonces debemos imaginar acontecimientos positivos en nuestra cabeza. Vemos el gol que marcamos, el centro que pusimos o la entrada que hicimos. Eso eleva nuestra confianza y ayuda a nuestra concentración.

Todo el mundo comete errores - Planifique los suyos

Es lo que hacemos después del error lo que cuenta. Los jugadores más débiles se preocupan por su error. Ocupa sus mentes y conduce a un rendimiento más débil. Los mejores jugadores lo dejan atrás. Los errores le suceden a todo el mundo en algún momento. Deberíamos planearlo. Para ello, desarrollamos una rutina o un pensamiento que nos saca del momento negativo y nos devuelve a lo positivo.

No hay respuestas fijas para esto, cada uno tendrá su propia cosa para seguir adelante. Podría ser un pensamiento de su hijo, una canción que tocan en su cabeza, una cosa física que hacen, como trotar en el acto, o hacer un par de saltos.

La clave es desarrollar nuestro estímulo físico o mental, y planear utilizarlo cuando lo necesitemos.

Hágase cargo del estrés

El estrés no es necesariamente malo. Cuando lo sentimos, nuestro ritmo cardíaco aumenta, bombeando más sangre y oxígeno a nuestros músculos. Sin embargo, ese estrés puede ser positivo, en términos de excitación, o negativo en términos de preocupación o ansiedad. Tenemos que reconocerlo y trabajar para que nuestro estrés sea positivo.

Podemos hacer esto a través de técnicas de meditación, como pasar dos minutos antes de un juego relajando conscientemente nuestros músculos progresivamente de los dedos de los pies a la cabeza. Podemos, como en el ejercicio anterior, visualizar algo positivo para ayudarnos a convertir la preocupación en algo positivo.

Nos corresponde a nosotros como individuos reconocer lo que funciona para nosotros. La clave es entender que un poco de estrés antes de un gran partido, o en un momento clave de un partido, es normal. Tenemos que controlarlo, en lugar de dejar que nos controle a nosotros.

Sueño

El sueño ayuda con la resistencia mental. Los adultos necesitan de siete a nueve horas por noche, los adolescentes (la edad más difícil para dormir con bastante frecuencia) de nueve a once horas y los preadolescentes alrededor de diez. Las investigaciones han demostrado que el sueño ayuda al cuerpo a repararse físicamente. Pero lo que es más relevante para esta sección del libro, también nos ayuda a mejorar nuestra capacidad de tomar decisiones en fracciones de segundo y hace que nuestro tiempo de reacción sea más rápido.

Habrá entrenadores alrededor que descartarán estos ejercicios de resistencia mental, de hecho toda la importancia de la parte mental del juego.

Pero están equivocados; una vez más, podemos tomar la delantera desde los mejores clubes profesionales. Éstos emplearán a entrenadores específicamente para trabajar con los jugadores con el fin de aumentar su resistencia mental. Si no fuera importante, esos entrenadores estarían sin trabajo.

En este capítulo hemos visto la manera de desarrollar los atributos importantes de la resistencia física y mental. A continuación, veremos el otro lado de la parte mental del juego: la disciplina mental.

Disciplina mental

Una mala disciplina mental puede tener consecuencias drásticas tanto para nuestro equipo como para nosotros mismos. Los siguientes son algunos de los resultados de una mentalidad débil - si alguno se aplica a nosotros, o a nuestros jugadores, entonces tenemos que hacer algo de trabajo para poner nuestro estado mental al día.

- Me meto en problemas con el árbitro.
- Termino en discusiones negativas con mis compañeros de equipo. (Tenga en cuenta que la crítica positiva es algo bueno, al igual que el estímulo. Estamos hablando del tipo de cultura de la culpa que pronto se extiende a través de un equipo).
- Pierdo la concentración en los partidos, aunque en los entrenamientos estoy bien.
- Me siento frustrado con mi desempeño y me hace sentir como si me diera por vencido.
- Me quito los calcetines en los entrenamientos y no los puedo reproducir durante los partidos.
- Creo que mi confianza se basa en los partidos, pero está bien cuando entrenamos.

- Siento que mi actuación está dominada por la determinación de evitar errores.

Respiración profunda

El fútbol es un juego competitivo, con mucho contacto físico. Las leyes se aplican subjetivamente y están en manos de un solo árbitro. Esa es una receta para la frustración, y muchos de nosotros nos perdemos con un árbitro o nos lanzamos a un placaje duro del que nos arrepentimos inmediatamente y que está fuera de lugar para nuestra personalidad.

Podemos controlar ese destello de ira con la respiración. Respirar profundamente diez veces después de un incidente nos aleja del punto de contacto inmediato y también produce un efecto fisiológico en nuestro cuerpo que puede ayudarnos.

Con la respiración profunda, se liberan endorfinas que nos ayudan a relajarnos y a calmarnos.

Podemos practicar esto en nuestra vida diaria. Todo el mundo tiene frustraciones, y si practicamos el ejercicio de la respiración a diez profundidades cuando algo nos molesta en casa o en el trabajo, se convertirá en algo natural hacer esto en el ambiente más desafiante de un partido de fútbol competitivo. La técnica es fácil de dominar. Respire lenta y profundamente por la nariz, sosténgalo por un par de segundos y suéltelo lentamente por la boca.

Entender la fortaleza mental

Científicos deportivos de la Universidad Lincoln del Reino Unido y de la Universidad John Moore (en Liverpool) acaban de realizar un estudio sobre lo que constituye la fortaleza mental en el fútbol. Sus hallazgos son interesantes; y al entenderlos podemos ver que la fortaleza mental es algo que podemos desarrollar siguiendo los rasgos de aquellos que la poseen.

En primer lugar, y quizás no es de extrañar, aquellos con fortaleza mental eran mucho más propensos a convertirse en jugadores exitosos, incluso más que algunos jugadores que eran físicamente mejores, pero mentalmente más débiles.

La dureza mental fue definida por los siguientes rasgos:

- La capacidad de aceptar las críticas.
- La voluntad de tomar el control de su propio aprendizaje.
- Una voluntad de sacrificar otros placeres por el fútbol.
- Una falta de necesidad.

- Jugando con las fortalezas de cada uno, mientras se trabaja en las debilidades.
- Habilidades para resolver problemas.

La capacidad de aceptar las críticas se produce si nos hacemos confiar en nuestro entrenador (o, si un entrenador confía en nuestros jugadores), si planificamos formas de abordar esas críticas y, finalmente, si entendemos que, independientemente de cómo se expresen, no son personales. Por supuesto, podrían serlo. Algunos entrenadores no son tan profesionales como otros, pero no durarán mucho. Si las críticas motivadas personalmente se vuelven excesivas, es probable que sea hora de cambiar de club.

Al hacerse cargo de su propio aprendizaje, los investigadores encontraron que los jugadores mentalmente fuertes elaboran rutinas y prácticas de entrenamiento para abordar sus debilidades. Hacen esto independientemente (tomando consejo cuando es necesario) y luego pasan su propio tiempo trabajando para resolver sus problemas.

Así que, si como jugador, la crítica es que tendemos a perder el ritmo en el último trimestre, podemos trabajar en algunos de los ejercicios de resistencia mencionados anteriormente en el libro. Si hay una preocupación acerca de nuestra capacidad de pasar con nuestro pie más débil, podemos encontrar algunos ejercicios para tratar esto.

Los investigadores examinaron a los jugadores de la academia de los mejores clubes. Se trataba de niños y jóvenes que buscaban un futuro profesional. Muchos de los lectores de este libro tendrán ambiciones más bajas, o niveles de habilidad, que significan que la vida como profesional no es algo que sea probable. Esto no cambia los principios que subyacen a un enfoque mentalmente fuerte para jugar al fútbol.

La falta de necesidad fue definida por los investigadores de la siguiente manera: los jugadores más exitosos escucharon los puntos de entrenamiento, y luego se hicieron cargo de su propia capacidad para entregar estos puntos. Los jugadores necesitados necesitaban constante tranquilidad, aclaración si eran colocados en el banquillo de los suplentes para un partido, y mucho tiempo de sus entrenadores, en una medida desproporcionada.

La mayoría de los lectores de "Fútbol de alto rendimiento" serán jugadores para los que el placer es la mayor motivación para jugar. Por lo tanto, cuando hablamos de sacrificios, necesitamos ver esto en el contexto de nuestros objetivos. Sin embargo, no hay duda de que, si bebemos mucho, tenemos una dieta deficiente, perdemos el entrenamiento para actividades no esenciales, o dejamos nuestra condición física sólo a los horarios oficiales de entrenamiento, no seremos tan fuertes como podríamos serlo.

Cada individuo necesita establecer sus propias metas, y luego diseñar un programa para alcanzarlas. Eso probablemente implicará algún sacrificio de otras partes de su vida. Pero, la mejora en nuestro juego que logremos compensará con creces, digamos, que nos quedemos con una copa de vino con el almuerzo del domingo.

Los jugadores mentalmente fuertes no sólo trabajaron en sus debilidades. Tenían confianza en su capacidad y también jugaron con sus puntos fuertes. Por lo tanto, si nuestra fuerza es que tenemos mucha velocidad, pero nuestro primer toque a veces nos falla, jugaríamos de una manera que explote nuestra velocidad, por ejemplo, haciendo nuestras carreras detrás de la defensa.

También pasaríamos más tiempo trabajando en ejercicios para mejorar nuestro primer contacto.

La resolución de problemas se refiere tanto en situaciones de juego como en los entrenamientos - un ejemplo simple de lo anterior es que nuestro oponente es mucho más fuerte en el aire. Lo resolvemos, nos damos cuenta de que a menudo no ganaremos los cabezazos, así que déjanos caer un par de metros para asegurarnos de ser los primeros en la película.

La resolución de problemas en los entrenamientos puede estar relacionada con un programa de recuperación de pique que no está dando resultados. Los mejores jugadores desarrollarán ajustes a su programa de entrenamiento individual que podrán trabajar por su cuenta o discutir brevemente con sus entrenadores para obtener su opinión.

Así que la fuerza mental no se trata sólo de hacer algo a nuestra manera. También se trata de reconocer la importancia de aceptar las críticas y confiar en los consejos. Tomar orientación es en realidad una forma de fuerza mental, mientras que no escuchar los consejos es señal de una fortaleza mental más débil.

Podemos resumir este capítulo identificando los siguientes puntos como la clave de la parte mental del juego:

• Confianza en nuestra propia capacidad, desarrollada a través de la visualización de nuestros éxitos.
• La capacidad de convertir el estrés en algo positivo, utilizando la adrenalina creada como una fuerza para nuestro juego. Esto se desarrolla mediante el desarrollo de nuestras propias técnicas de "calma".
• Controlar la emoción del partido, una técnica para la respiración profunda.
• Desarrollar la fuerza mental.

En el capítulo final consideraremos la importancia de la dieta en nuestro estado físico y entrenamiento.

Dieta

Llevar una dieta sana y equilibrada es bueno para nosotros, ya sea que hagamos deporte o no. El ejercicio que hacemos al jugar al fútbol aumenta aún más nuestra salud. Tal beneficio significa que podemos disfrutar de un saludable resplandor de auto-adulación, ¡al menos por un tiempo!

Una dieta saludable combinada con buena voluntad de ejercicio:

- Reduce nuestras posibilidades de enfermedad cardíaca.
- Reduce la posibilidad de un derrame cerebral.
- Disminuye la posibilidad de desarrollar diabetes.
- Mejora nuestra digestión.
- Reduce la posibilidad de contraer algunos tipos de cáncer.
- Mantiene nuestra presión arterial a un buen nivel.
- Reduce las posibilidades de contraer o retrasar la aparición de enfermedades como el Alzheimer y otras enfermedades cerebrales degenerativas.

Si esos beneficios de salud no son suficientes, aquí hay más:

- Mantener nuestros cuerpos en forma y saludables.
- Mantener una mayor flexibilidad.
- Mejorar la salud de los huesos y los músculos.
- Desarrollar la autoestima que viene con sentirse bien.
- Disfrutar de una mejor calidad de vida.
- Mejorar nuestra concentración.
- Reducir el estrés negativo.
- Liberar endorfinas positivas.
- Como resultado de sentirse bien, disfrutar de mejores estados de ánimo y así establecer mejores relaciones.

Esperamos que el valor de una buena dieta sea uno de esos que no necesitan mayor justificación. De hecho, si comemos bien disfrutaremos más de nuestra comida, ya no dependeremos más de la excesiva sal y el azúcar que contribuye demasiado a la típica dieta occidental, lo que embotará nuestras papilas gustativas en el proceso. También condicionaremos nuestros cuerpos para reducir los antojos.

Con esos puntos firmemente establecidos, veamos lo que constituye una dieta saludable para un jugador de fútbol.

Alimentos para la resiliencia

Estos alimentos nos ayudarán a protegernos de las enfermedades, a producir energía y a recuperarnos rápidamente de las lesiones.

Los alimentos anaranjados, como las zanahorias, los albaricoques secos, las naranjas y el camote proporcionan mucha vitamina A, que nos ayuda a crecer y desarrollarnos.

La vitamina C ayuda al sistema inmunológico a funcionar correctamente, manteniéndonos sanos. Se encuentra en buenas cantidades en hojas verdes, pimientos, naranjas y kiwis. Los cítricos como los limones y las limas también son buenas fuentes. Unas gotas de limón fresco en un vaso de agua y un toque de hielo generan una bebida refrescante, si nos cansamos del agua pura.

Como regla general, en nuestra cena y almuerzo, nuestro plato debe consistir en que la mitad de este sea verdura con frutas que sustituyan a los pudines y dulces en nuestra dieta.

Recuperación de los entrenamientos y partidos

Tenemos que aumentar nuestras reservas de energía después del ejercicio intenso de un partido o de una sesión de entrenamiento vigorosa. Para ello, tenemos que asegurarnos de que estamos comiendo carbohidratos y grasas buenas. La pasta y el arroz son buenos para esto, con versiones de granos enteros mejores que los ejemplos blancos procesados.

Mucha agua asegura la hidratación que necesitamos para que nuestro cuerpo funcione correctamente, en este caso recuperándose de nuestros esfuerzos. Por último, los alimentos ricos en proteínas como el pollo, los huevos, la leche y el pescado con un contenido reducido de grasa ayudarán a garantizar que los músculos se mantengan sanos y listos para su uso.

La resistencia es un elemento crucial dentro de las herramientas de un jugador de fútbol, como vimos antes. Los carbohidratos de liberación lenta son importantes aquí. Las patatas, el arroz integral o la pasta ayudan a nuestros cerebros y cuerpos a durar en el partido. Por el contrario, los alimentos o bebidas azucaradas proporcionan una rápida explosión de energía, pero una que se disipa rápidamente, por lo que deben evitarse.

Con la mitad de nuestro plato hecho de verduras, otra cuarta parte debería consistir en carbohidratos.

Potencia

Los jugadores de fútbol necesitan poder. Esto viene de las proteínas. Deberíamos comer proteínas en cada comida como deportistas. Los buenos alimentos incluirán los mencionados anteriormente, además de frijoles, lentejas y tofu. La leche (baja en grasa) es una bebida efectiva después del partido. El cuarto restante de nuestro plato debe consistir en proteínas.

No debemos olvidar el calcio, que se encuentra en los productos lácteos, que ayudará a fortalecer nuestros huesos.

Manteniendo la Mente Sana

Hemos dedicado más de un capítulo al papel que juega el cerebro para convertirnos en un jugador de fútbol eficaz. La salud cerebral se ve aumentada por los aceites y las grasas. Los pescados grasos como el salmón y la caballa son una excelente fuente de aceites omega 3 que complementan el cerebro. Las nueces y las semillas son otro buen ejemplo - un puñado de nueces son un bocadillo saludable y sabroso que también es muy bueno para nosotros.

Es mejor evitar los alimentos con grasas saturadas, que incluyen las carnes rojas (extrañamente, dado su color, el cerdo cuenta como carne roja, junto con el cordero, la carne de res, la carne de venado, etc.). Otros alimentos que debe evitar son la mantequilla, el helado, las patatas fritas y la leche entera.

¿Cuánto?

Como futbolistas somos extremadamente activos, no necesitamos contar calorías. Imagínate, un gran plato de curry, acompañado de pan naan, una entrada y postre cremoso acompañados de 6 latas de cerveza, una dieta que debe ser ocasional.

Debemos de comer una variedad de colores en nuestra dieta, y también asegurar el equilibrio nutricional comiendo una variedad de alimentos de los grupos identificados anteriormente.

Necesitamos beber mucho líquido, un par de litros de agua al día. Hasta dos tazas de té y dos tazas de café están bien para representar parte de esa ingesta de líquidos.

Para resumir este capítulo sobre la dieta:

• Las comidas deben ser mitad vegetal, un cuarto de carbohidrato y un cuarto de proteína.

- Necesitamos incluir alimentos ricos en calcio en nuestra ingesta diaria (por ejemplo, un tazón de yogur natural con nueces y fruta fresca es un desayuno excelente, sabroso y nutritivo).
- Debemos comer una variedad de alimentos para asegurar el equilibrio y para que sea más fácil evitar los antojos de alimentos no saludables.
- Se deben evitar las azúcares procesadas, la sal excesiva (como la que se encuentra en los platos preparados) y las grasas saturadas.
- Por un corto período de tiempo, como se ha visto anteriormente en el libro, podemos emprender un corto período de ayuno que, combinado con el ejercicio, rápidamente quemará el exceso de grasa y nos dará una masa corporal magra.
- No hay validez en la muchas veces dicha afirmación de que no debemos ejercitarnos con el estómago vacío. Un entrenamiento ligero es beneficioso durante un ayuno.
- El ayuno debe ser un par de días a la semana de comidas mucho más pequeñas u omitir una comida al día.

Palabras finales

Gracias por comprar y leer este libro. Como alguien que disfruta del deporte, ya sea jugando o entrenando, esperamos que haya proporcionado una mezcla de los beneficios científicos de una buena forma física y mental, la importancia de estos en el fútbol y algunas formas prácticas de alcanzar niveles óptimos de forma física.

Recuerde que jugar al fútbol se trata principalmente de divertirse. Una parte de ese placer viene de la satisfacción de saber que estamos jugando al mejor nivel que nuestra capacidad nos permite. Este libro nos ayudará a alcanzar el mejor nivel de habilidad.

Recuerde, sin embargo, que todos somos diferentes. Encontraremos nuestros propios estímulos mentales que funcionen bien para nosotros. También encontraremos los mejores programas de entrenamiento para alcanzar la velocidad, la fuerza, la resistencia y la recuperación rápida. Por favor, adapte los entrenamientos y ejercicios a sus propias circunstancias y necesidades.

Tal vez lo más importante es que la buena forma física que ganamos como jugadores de fútbol nos mantendrá en buen lugar durante el resto de nuestras vidas.

Disfruta de tu deporte.

www.ingramcontent.com/pod-product-compliance
Lightning Source LLC
Chambersburg PA
CBHW071025080526
44587CB00015B/2497